AF589398

Die Victoriafälle

'Avatar' Berg

Nordlichter

Reflexionsschlucht

Kauai, Hawaii

Koh Phi Phi

Mount Everest

Gelbstein

Arches-Nationalpark

Great Barrier Reef

Seen des Mt. Kelimutu

Grand Canyon

Salar de Uyuni

See O’hara

Zion-Nationalpark

Großer Teton

Wadi Rum, Jordanien

Trang An und Tam Coc

Dades-Schlucht

Vinales-Tal

Antilopenschlucht

Kratersee

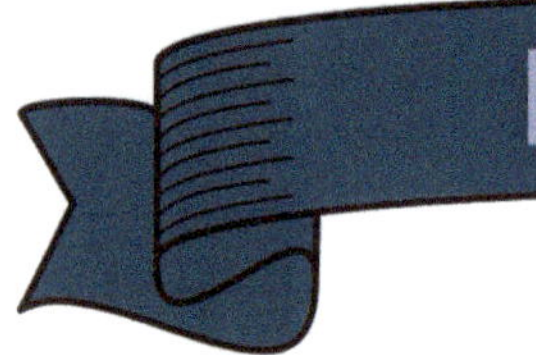

Halong-Bucht

Okavango-Delta

Bisti Wildnis

Nyiragongo-Vulkan

Steinwald

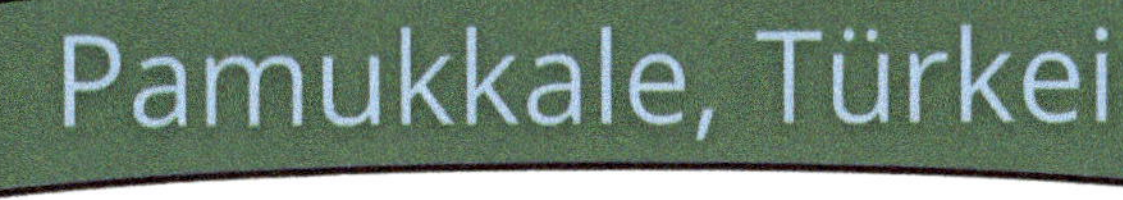
Pamukkale, Türkei

Colca-Schlucht

Hunza-Tal

Berg Robson

Phang-NGA-Bucht

Rocky Mountain

Schwarze Schlucht

Tigersprungschlucht

Drakensberg

White Sands, New Mexiko

Chiricahua

Huascaran-Nationalpark

Tianmen-Berg

www.ingramcontent.com/pod-product-compliance
Ingram Content Group UK Ltd.
Pitfield, Milton Keynes, MK11 3LW, UK
UKHW062314290726
14090UKWH00018B/1056

9 789189 700819